Kant und Goethe

Georg Simmel

Alpha Editions

This edition published in 2022

ISBN : 9789356903968

Design and Setting By
Alpha Editions
www.alphaedis.com
Email - info@alphaedis.com

Kant und Goethe

By Georg Simmel

In die Zustände der Halbkulturen, aber auch in die Kultur vor der Herrschaft des Christentums pflegen wir die Einheit von Lebenselementen zu verlegen, die die spätere Entwicklung auseinandergetrieben und zu Gegensätzen ausgestaltet hat. So hart der Kampf um die physischen Existenzbedingungen, so unbarmherzig die Vergewaltigung des Individuums durch die gesellschaftlichen Forderungen gewesen sein mag — zu dem Gefühl einer fundamentalen Spaltung innerhalb des Menschen und innerhalb der Welt, zwischen dem Menschen und der Welt, scheint es vor dem Verfall der klassischen Welt nur ganz vereinzelt gekommen zu sein. Das Christentum erst hat den Gegensatz zwischen dem Geist und dem Fleisch, zwischen dem natürlichen Sein und den Werten, zwischen dem eigenwilligen Ich und dem Gott, dem Eigenwille Sünde ist, bis in das Letzte der Seele hinein empfunden. Aber da es eben Religion war, hat es mit derselben Hand, mit der es die Entzweiung stiftete, die Versöhnung gereicht. Es mußte erst seine bedingungslose Macht über die Seelen verlieren, seine Lösung des Problems mußte erst mit dem Beginn der Neuzeit zweifelhaft geworden sein, ehe das Problem selbst in seiner ganzen Weite auftrat. Daß der Mensch von Grund aus ein dualistisches Wesen ist, daß Entzweiung und Gegensatz die Grundform bildet, in die er die Inhalte seiner Welt aufnimmt, und die deren ganze Tragik, aber auch ihre ganze Entwicklung und Lebendigkeit bedingen — das hat das Bewußtsein erst nach der Renaissance als seine Ägide erfaßt. Mit diesem Herabreichen des Gegensatzes in die tiefste und breiteste Schicht unser und unseres Bildes vom Dasein wird die Forderung seiner Vereinheitlichung umfassender und heftiger; indem sich das innere und äußere Leben in sich bis zum Brechen spannt, sucht es nach einem um so kräftigeren, um so lückenloseren Bande, das über den Fremdheiten der Seinselemente ihre trotz allem gefühlte Einheit wieder begreiflich mache.

Zunächst ist es das Gegenüber von Subjekt und Objekt, das die Neuzeit zu schärfstem Gegensatz herausarbeitet. Das denkende Ich fühlt sich souverän gegenüber der ganzen, von ihm vorgestellten Welt, das: „ich denke, und also bin ich“ wird seit Descartes zur einzigen Unbezweifelbarkeit des Daseins. Aber andrerseits hat diese objektive Welt doch eine unbarmherzige

Tatsächlichkeit, das Ich erscheint als ihr Produkt, zu der ihre Kräfte sich nicht anders als zu der Gestalt einer Pflanze oder einer Wolke verwebt haben. Und so entzweit lebt nicht nur die Welt der Natur, sondern auch die der Gesellschaft. In ihr fordert der Einzelne das Recht der Freiheit und Besonderheit, während sie ihn nur als ein Element, das ihren überpersönlichen Gesetzen untertan ist, anerkennen will. In beiden Fällen droht die Selbstherrlichkeit des Subjekts entweder von einer ihm fremden Objektivität verschlungen zu werden oder in anarchistische Willkür und Isolierung zu verfallen. Neben oder über diesen Gegensatz stellt die moderne Entwicklung den zwischen dem natürlichen Mechanismus und dem Sinn und Wert der Dinge. Die Naturwissenschaft deutet, seit Galilei und Kopernikus, das Weltbild mit steigender Konsequenz als einen Mechanismus von strenger, mathematisch ausdrückbarer Kausalität. Mag dies noch unvollkommen durchgeführt sein, mögen Druck und Stoß, auf die alles Weltgeschehen schließlich reduzierbar schien, noch anderen Prinzipien neben sich Raum geben — dieses Geschehen bleibt prinzipiell ein naturgesetzlich determiniertes Hin- und Herschieben von Stoffen und Energien, ein abrollendes Uhrwerk, das aber nicht, wie das von Menschen konstruierte, Ideen offenbart und Zwecken dient. Durch das mechanistisch-naturwissenschaftliche Prinzip scheint die Wirklichkeit in völligem Gegensatz zu allem gestellt, was dieser Wirklichkeit bis dahin Sinn zu geben schien: sie hat keinen Raum mehr für Ideen, Werte, Zwecke, für religiöse Bedeutung und sittliche Freiheit. Aber da der Geist, das Gemüt, der metaphysische Trieb ihre Ansprüche an das Dasein nicht aufgeben, so erwächst dem Denken, mindestens seit dem 18. Jahrhundert, die große Kulturaufgabe, die verlorene Einheit zwischen Natur und Geist, Mechanismus und innerem Sinne, wissenschaftlicher Objektivität und der gefühlten Wertbedeutung des Lebens und der Dinge auf einer höheren Basis wiederzugewinnen.

Von zwei prinzipiellen Gesinnungen, die in sehr mannigfaltigen Ausgestaltungen die Kultur durchziehen, gehen die nächstliegenden

Vereinheitlichungen des Weltbildes aus; von der materialistischen und der spiritualistischen — jene alles Geistige und Ideelle in seiner Sonderexistenz leugnend und die Körperwelt mit ihrem äußeren Mechanismus für das allein Seiende und Absolute erklärend, diese umgekehrt alles Äußerlich-Anschauliche zu einem nichtigen Schein herabsetzend, und in dem Geistigen mit seinen Werten und Ordnungen die ausschließliche Substanz des Daseins erblickend.

Neben beiden haben sich zwei Weltanschauungen gebildet, deren Einheitsgedanke jenem Dualismus unparteiischer gerecht wird: die Kantische und die Goethesche. Es ist die ungeheure Tat Kants, daß er den Subjektivismus der neueren Zeit, die Selbstherrlichkeit des Ich und seine Unzurückführbarkeit auf das Materielle zu ihrem Gipfel hob, ohne dabei die Festigkeit und Bedeutsamkeit der objektiven Welt im geringsten preiszugeben. Er zeigte, daß zwar alle Gegenstände des Erkennens für uns in nichts anderem bestehen können, als in den erkennenden Vorstellungen selbst, und daß alle Dinge für uns nur als Vereinigungen sinnlicher Eindrücke, also subjektiver, durch unsere Organe bestimmter Vorgänge existieren. Aber er zeigte zugleich, daß alle Zuverlässigkeit und Objektivität des Seins gerade erst durch diese Voraussetzung begreiflich würde. Denn nur, wenn die Dinge nichts sind als unsere Vorstellungen, kann unser Vorstellen, über das wir niemals hinauskönnen, uns ihrer sicher machen; nur so können wir unbedingt Notwendiges von ihnen aussagen, nämlich die Bedingungen des Vorstellens selbst, die nun von ihnen, weil sie eben unsere Vorstellungen sind, unbedingt gelten müssen. Müßten wir darauf warten, daß die Dinge, uns wesensfremde Existenzen, in unsern Geist von außen hineingeschüttet würden, wie in ein passiv aufnehmendes Gefäß, so könnte das Erkennen nie über den Einzelfall hinausgehen. Indem nun aber die vorstellende Tätigkeit des Ich die Welt bildet, sind die Gesetze unseres geistigen Tuns die Gesetze der Dinge selbst. Das Ich, die nicht weiter erklärliche Einheit des Bewußtseins, bindet die sinnlichen Eindrücke zu Gegenständen der Erfahrung zusammen, die unsere objektive Welt restlos ausmachen. Dahinter, jenseits aller Möglichkeit des Erkennens, mögen wir uns die Dinge-an-sich denken, d. h. also die Dinge, die nicht mehr für uns da sind; und in ihnen mögen für unsere Phantasie alle Träume der Vernunft, des Gemüts, der Idealbildung verwirklicht sein, während sie in der Welt unserer Erfahrungen, die für uns allein Objekt sein kann, keine Stelle finden.

IMMANUEL KANT
Nach dem Gemälde von Döbler
Königsberg: Totenkopfloge

Genauer angesehen, ist die Kantische Lösung des Hauptproblems, des Dualismus von Subjekt und Objekt, Geistigkeit und Körperlichkeit, die: daß diesem Gegensatz die Tatsache des Bewußtseins und Erkennens überhaupt untergebaut wird; die Welt wird durch die Tatsache bestimmt, daß wir sie wissen. Denn die Bilder, in denen wir uns selbst erkennen und für uns selbst existieren, sind ebenso wie die wirkliche Welt die Erscheinungen eines Etwas, das uns in seinem An-sich verborgen ist. Körper und Geist sind empirische Phänomene innerhalb eines allgemeinen Bewußtseinszusammenhangs aneinander gebunden durch das Faktum, daß sie beide vorgestellt werden und den gleichen Bedingungen des Erkennens unterliegen. In der Erscheinungswelt selbst, innerhalb deren allein sie unsere Objekte sind, sind sie nicht aufeinander zurückführbar, weder der Materialismus, der den Geist durch den Körper, noch der Spiritualismus, der den Körper durch den Geist erklären will, sind zulässig, jedes muß vielmehr nach den ihm allein eigenen Gesetzen verstanden werden. Aber dennoch fallen sie nicht auseinander, sondern bilden eine Erfahrungswelt, weil sie von dem erkennenden Bewußtsein überhaupt, dem sie erscheinen, und seiner Einheit zusammengehalten werden, und weil jenseits beider die zwar nie erkennbaren, aber doch immerhin denkbaren Dinge-an-sich ruhen; und diese mögen — so können wir glauben — in ihrer Einheit den Grund jener Erscheinungen bewahren, die nun, von unseren Erkenntniskräften gespiegelt und zerlegt, in die Zweiheit von Geist und Körper, von empirischem Subjekt und empirischem Objekt auseinandergehen. Während also die äußere Natur, als Objekt für uns, keine Spur von Geist enthalten darf, so daß die vollendete Wissenschaft von ihr nur Mechanik und Mathematik wäre, und während der Geist seinerseits völlig anderen, immanenten Gesetzen folgt, binden die beiden Gedanken des übergreifenden, erkennenden Bewußtseins und des Dinges-an-sich, in dem ideale Ahnungen den gemeinsamen Grund aller Erscheinungen finden, beide zu einer einheitlichen Weltanschauung zusammen. Damit ist die wissenschaftlich-intellektualistische Deutung des Weltbildes auf ihren Höhepunkt gekommen: nicht die Dinge, sondern das Wissen um die Dinge wird für Kant das Problem schlechthin. Die Vereinheitlichung der großen Zweiheiten: Natur und Geist, Körper und Seele gelingt ihm um den Preis, nur die wissenschaftlichen Erkenntnisbilder ihrer vereinen zu wollen; die wissenschaftliche Erfahrung mit der Allgleichheit ihrer Gesetze ist der Rahmen, der alle Inhalte des Daseins in eine Form: die der verstandesmäßigen Begreifbarkeit, zusammenfaßt.

Nach einer ganz anderen Norm mischt Goethe die Elemente, um aus ihnen eine gleich beruhigende Einheit zu gewinnen. Über Goethes Philosophie kann man nicht von der trivialen Formel aus sprechen, daß er zwar eine vollständige Philosophie besessen, dieselbe aber nicht in systematisch-fachmäßiger Gestalt niedergelegt habe. Nicht nur das System und die Schultechnik fehlten ihm, sondern die ganze Absicht der Philosophie als Wissenschaft: unser Gefühl vom Wert und Zusammenhang des Weltganzen in die Sphäre abstrakter Begriffe zu erheben; unser unmittelbares Verhältnis zur Welt, das innere Anklingen und Mitfühlen ihrer Kräfte und ihres Sinnes spiegelt sich, wenn wir wissenschaftlich philosophieren, in dem ihm gleichsam gegenüberstehenden Denken; dieses drückt in der ihm eigenen Sprache jenen Sachverhalt aus, mit dem es direkt gar nicht verbunden ist. Wenn ich aber Goethe recht verstehe, handelt es sich bei ihm immer nur um eine unmittelbare Äußerung seines Weltgefühles; er fängt es nicht erst in dem Medium des abstrakten Denkens auf, um es darin zu objektivieren und in eine ganz neue Existenzart zu formen, sondern sein unvergleichlich starkes Empfinden der Bedeutsamkeit des Daseins und seines inneren Zusammenhanges nach Ideen treibt seine „philosophischen" Äußerungen hervor wie die Wurzel die Blüte. Mit einem ganz freien Gleichnis: Goethes Philosophie gleicht den Lauten, die die Lust- und Schmerzgefühle uns unmittelbar entlocken, während die wissenschaftliche Philosophie den Worten gleicht, mit denen man jene Gefühle sprachlich-begrifflich bezeichnet. Da er nun aber zuerst und zuletzt Künstler ist, so wird jenes natürliche Sich-Geben von selbst zu einem Kunstwerk. Er durfte „singen, wie der Vogel singt", ohne daß seine Äußerung ein unförmig zudringlicher Naturalismus wurde, weil die Kunstform sie a priori gleich an ihrer Quelle gestaltete — gerade wie das wissenschaftliche Erkennen von vornherein durch bestimmte Verstandeskategorien geformt wird, die in der sachlich vorliegenden Erkenntnis als deren Formen aufzeigbar sind. Es ist deshalb in Hinsicht auf die letzte und entscheidende Gesinnung vollkommen richtig, was, äußerlich genommen, ganz unbegreiflich scheint, wenn er sagt: „Von der Philosophie habe ich mich immer frei erhalten." Darum wird eine Darstellung der Philosophie Goethes bis zu einem gewissen Grad ganz unvermeidlich eine Philosophie über Goethe sein. Nicht um Systematisierung seines Denkens handelt es sich — das wäre ihm gegenüber ein sehr minderwertiges Unternehmen — sondern darum, die unmittelbare Fortsetzung und Äußerung des Gefühls für Natur, Welt und Leben bei ihm in die mittelbare, abgespiegelte, einer ganz anderen Region und Dimension angehörige Form der abstrakten Begrifflichkeit überzuführen.

Der entscheidende und ihn von Kant absolut scheidende Grundzug seiner Weltanschauung ist der, daß er die Einheit des subjektiven und des objektiven Prinzips, der Natur und des Geistes innerhalb ihrer Erscheinung selbst sucht. Die Natur selbst, wie sie uns anschaulich vor Augen steht, ist ihm das unmittelbare Produkt und Zeugnis geistiger Mächte, formender Ideen. Sein ganzes inneres Verhältnis zur Welt ruht, theoretisch ausgedrückt, auf der Geistigkeit der Natur und der Natürlichkeit des Geistes. Der Künstler lebt in der Erscheinung der Dinge als in seinem Element; die Geistigkeit, das Mehr-als-Materie und -Mechanismus, das seinem Hinnehmen und Behandeln der Welt allerdings erst einen Sinn gibt, muß er in der greifbaren Wirklichkeit selbst suchen, wenn es für ihn überhaupt bestehen soll. Dies bestimmt seine besondere Bedeutung für die Kulturlage der Gegenwart. Die Reaktion auf den abstrakten Idealismus der Weltanschauung vom Beginn des 19. Jahrhunderts war der Materialismus der 50er und 60er Jahre. Das Verlangen nach einer Synthese, die beide in ihrem Gegensatz überwand, rief in den 70er Jahren den Ruf: zurück zu Kant! hervor. Aber die wissenschaftliche Lösung, die dieser allein geben konnte, scheint nun als Ergänzung ihrer Einseitigkeit die ästhetische zu fordern; die so lebhaft wiedererwachten ästhetischen Interessen bieten eine besondere Form, den Geist wiederum in die Realität aufzunehmen, und verdichten sich deshalb in den Ruf: zurück zu Goethe! Für ihn sind die beiden Wege verschlossen, auf denen Kant jenen fundamentalen Dualismus überwindet: er steigt nicht unter die Erscheinungen hinab, um sie, als bloße Vorstellungen, durch das erkenntnistheoretische Ich umschließen zu lassen, noch kann er sich, über sie hinweg, mit der Idee der Dinge an sich und ihrer unanschaulichen, absoluten Einheit begnügen. An dem ersteren hindert ihn die Unmittelbarkeit seines geistigen Wesens, die ihn alles Theoretisieren über das Erkennen perhorreszieren läßt.

„Wie hast du's denn so weit gebracht?
Sie sagen, du habest es gut vollbracht."
„Mein Kind, ich habe es klug gemacht:
Ich habe nie über das Denken gedacht."

Und:

„Ja, das ist das rechte Gleis,
Daß man nicht weiß, was man denkt,
Wenn man denkt:
Alles ist als wie geschenkt."

J. W. VON GOETHE 1817.
Zeichnung von F. Jagemann
Weimar: Grossh. Kunstsammlung

Seiner im höchsten Sinne praktischen Natur war die Beschäftigung mit den Vorbedingungen des Denkens widrig, weil diese das Denken selbst, seinen Inhalten und Resultaten nach, nicht förderten. „Das Schlimme ist," sagt er zu Eckermann, „daß alles Denken zum Denken nichts hilft; man muß von Natur richtig sein, so daß die guten Einfälle immer wie freie Kinder Gottes vor uns dastehen, und uns zurufen: da sind wir." Die Abneigung gegen

Erkenntnistheorie, die aus solchen Gründen der psychologischen Praxis hervorging, entfernte ihn völlig von dem Kantischen Weg, in den Bedingungen des Erkennens, in dem Bewußtseinszusammenhang, der die empirische Welt trägt, die Versöhnung ihrer Diskrepanzen zu suchen. Das Absolute aber, in dem diese gefunden wird, aus der Erscheinung heraus in die Dinge-an-sich zu verlegen, würde für ihn die Welt sinnlos machen. „Vom Absoluten im theoretischen Sinne wag' ich nicht zu reden; behaupten aber darf ich: daß, wer es in der Erscheinung anerkannt und immer im Auge behalten hat, sehr großen Gewinn davon erfahren wird." Und ein andermal: „Ich glaube einen Gott. Das ist ein schönes und löbliches Wort; aber Gott anerkennen, wie und wo er sich offenbare, das ist eigentlich die Seligkeit auf Erden." Nicht außerhalb der Erscheinungen, sondern in ihnen fallen Natur und Geist, das Lebensprinzip des Ich und das des Objekts zusammen. Dieser anschauende Glaube, ohne den es überhaupt kein Künstlertum gäbe, hat in ihm sein äußerstes, das ganze Weltfühlen durchdringende Bewußtsein erlangt, da er, als die höchste Artistennatur, die wir kennen, gerade in eine Zeit traf, in der jener Gegensatz die maximale Spannung und damit das maximale Versöhnungsbedürfnis erreicht hatte. Goethe, der „Augenmensch", war seiner Natur nach zu sehr Realist, um die Wirklichkeit zu ertragen, wenn sie nicht in ihrer ganzen Erscheinung Darstellung der Idee wäre; Kant war zu sehr Idealist, um die Welt ertragen zu können, wenn die Idee (im weitesten, nicht in dem spezifischen Sinn der philosophischen Terminologie) nicht die Wirklichkeit ausgemacht hätte.

Der tiefe Gegensatz der beiden Weltanschauungen, die doch dem gleichen Problem gegenüberstehen, tritt in dem Verhältnis hervor, das sie beide zu dem berühmten Satz Hallers haben, daß „kein erschaffener Geist ins Innere der Natur dringt". Beide bekämpfen ihn mit förmlicher Entrüstung, weil er jenen Abgrund zwischen Subjekt und Objekt verewigen möchte, den es gerade auszufüllen galt. Aber auf wie verschiedene Motive hin! Für Kant ist der ganze Ausspruch von vornherein unsinnig, weil er die Unerkennbarkeit eines Objekts beklagt, das es gar nicht gibt. Denn da die Natur überhaupt nur Erscheinung, d. h. Vorstellung in einem vorstellenden Subjekt ist, so hat sie überhaupt kein Inneres. Wenn man von einem Inneren ihrer Erscheinung sprechen wollte, so sei es dasjenige, in das Beobachtung und Zergliederung der Erscheinungen wirklich dringen. Wenn die Klage sich aber auf dasjenige bezieht, was hinter aller Natur liegt, also nicht mehr Natur, weder ihr Äußeres noch ihr Inneres ist — so ist sie nicht weniger töricht, weil sie etwas zu erkennen verlangt, was seinem Begriff nach sich den Bedingungen des Erkennens entzieht. Das Absolute hinter der Natur ist eine bloße Idee, die niemals angeschaut, also auch nicht erkannt werden kann. Goethe hingegen, solcher erkenntnistheoretischen Überlegung ganz fern, verwirft jenen Spruch aus dem unmittelbaren Mitfühlen mit dem Wesen der Natur heraus:

Natur hat weder Kern
Noch Schale,
Alles ist sie mit einem Male.

Und:

Denn das ist der Natur Gestalt,
Daß innen gilt, was außen galt.

Und:

Müsset im Naturbetrachten
Immer eins wie alles achten,
Nichts ist drinnen, nichts ist draußen,
Denn was innen, das ist außen.

Daß das Tiefste, Innerste und Bedeutsamste, nach dem man sich sehnen kann, nicht auch in der Wirklichkeit ergreifbar sein sollte, ist ihm schlechthin unerträglich. Der ganze Sinn seiner künstlerischen Existenz wäre ihm dadurch erschüttert. Wenn er deshalb jenem Spruch entgegenhält:

Ist nicht der Kern der Natur

Menschen im Herzen —

so ist dies nur scheinbar der Kantischen Ansicht gleich, die die Natur und ihre Gesetze in das menschliche Erkenntnisvermögen, als dessen Produkte, hineinverlegt. Denn Goethe will sagen: das Lebensprinzip der Natur ist zugleich auch dasjenige der menschlichen Seele, beides sind gleichberechtigte Tatsachen, aber hervorgehend aus der Einheit des Seins, die die Gleichheit des schöpferischen Prinzips in die Mannigfaltigkeit der Gestaltungen entwickelt; so daß der Mensch in seinem eigenen Herzen das ganze Geheimnis des Seins und vielleicht auch seine Lösung zu finden vermag. Der ganze künstlerische Rausch der Einheit von Innen und Außen, von Gott und Welt, bricht in ihm, aus ihm hervor. Solcher Behauptungen über die Dinge selbst enthält sich Kant. Er sagt nur das über sie aus, was sich aus den Bedingungen ihres Vorgestelltwerdens ergibt. Nicht weil Natur und Menschenseele ihrem Wesen, ihrer Substanz nach einheitlich sind, kann man das eine aus dem andern ablesen, sondern weil die Natur eine Vorstellung in der Menschenseele ist, so daß die Form und Bewegung dieser allerdings die allgemeinsten Gesetze jener bedeuten muß. Man kann den Gegensatz, um den es sich handelt, im Hinblick auf jenen Hallerschen Spruch zu einer kurzen Formel zuspitzen; fragt man nach dem eigenen Wesen der Natur, so antwortet Kant: sie ist nur Äußeres, da sie ausschließlich aus räumlich-mechanischen Beziehungen besteht; und Goethe: sie ist nur Inneres, da die Idee, das geistige Schöpfungsprinzip, auch ihr ganzes Leben ausmacht. Fragt man aber nach ihrem Verhältnis zum Menschengeist, so antwortet Kant: sie ist nur Inneres, weil sie eine Vorstellung in uns ist; und Goethe: sie ist nur Äußeres, weil die Anschaulichkeit der Dinge, auf der alle Kunst beruht, eine unbedingte Realität haben muß. Goethe meint nicht, wie Kant, daß das geistige Innere das Zentrum der Natur sei; sondern daß dieses, wie überall so auch im Menschengeist zu finden sei. Beides sind gleichsam parallele Darstellungen des göttlichen Seins, das sich in der Natur, dem Äußeren, mit derselben Realität entwickelt, wie in der Seele, dem Inneren; so daß die Natur ihre unbedingte äußere, anschauliche Wirklichkeit behält, ohne ihre Wesenseinheit mit dem Menschenherzen aufzugeben, und dazu nicht erst, wie von Kant, in eine Vorstellung in diesem verwandelt zu werden braucht. Beide stellen sich gleichmäßig jenseits des Gegensatzes von Materialismus und Spiritualismus. Kant, weil sein Prinzip die Materie und den Geist, die beide bloße Vorstellungen sind, gleichmäßig und gegensatzlos unter sich begreift, Goethe, weil beide, die er als absolute Wesen hinnimmt, doch unmittelbar eines bildeten; er meint zu Schiller, die materialistischen Philosophen kämen nicht zum Geiste, die idealistischen aber nicht zu den Körpern, „und daß man also immer wohltut, in dem philosophischen Naturstande zu bleiben und von seiner ungetrennten Existenz den besten, möglichen Gebrauch zu machen".

Soll aber eine objektive, d. h. hier, über dem Bewußtsein gelegene Einheit des Seins gesucht werden, so könnte sie für Kant nur in Gott liegen, den er ja auch ausdrücklich heranzieht, wo es sich um die Vereinigung der divergentesten Lebenselemente, der Sittlichkeit und der Glückseligkeit handelt: ein transszendenter Gott, ein Ding-an-sich, jenseits aller Anschaulichkeit des Seins. Für Goethe aber kommt alles darauf an, daß die

Einheit der Dinge nicht jenseits der Dinge selbst liegt; er verwirft nicht nur den Gott, „der nur von außen stieße" — das würde auch Kant tun; sondern, indem er das „Bedrängtsein" des göttlichen Prinzips in der Erscheinung anerkennt, betont er doch, wie sehr wir uns verkürzen, wenn wir es „in eine vor unserem äußern und innern Sinne verschwindende Einheit zurückdrängen". Er kann sich die Einheit der Welt nur retten, wenn sie nicht in die Einheit eines Wesens projiziert wird, das, indem es der ihm gegenüberstehenden Welt die Einheit erst verliehe, sie in Wirklichkeit aus ihr heraussaugen würde.

Bei allen scheinbaren Analogien zwischen Goetheschen und Kantischen Anschauungen darf diese Grundverschiedenheit nie übersehen werden, daß Goethe die Gleichung zwischen Subjekt und Objekt von der Seite des Objekts her löst, Kant aber von der Seite des Subjekts, wenngleich nicht des zufälligen und personal-differenzierten, sondern des Subjekts, das der überindividuelle Träger der objektiven Erkenntnis ist.

Wenn Goethe also sagt:

„Wär' nicht das Auge sonnenhaft,
Wie könnt' die Sonne es erblicken?
Wär' nicht in uns des Gottes eigne Kraft,
Wie könnt' uns Göttliches entzücken?"

so erscheint dies nur als eine Paraphrase der Kantischen Idee, daß wir die Dinge der Welt nur erkennen, weil und insofern ihre Formen a priori in uns ruhen. Tatsächlich aber ist es etwas ganz anderes. Goethe greift unter den Gegensatz von Subjekt und Objekt hinunter und gründet die Erkenntnisbeziehung zwischen ihnen auf eine Wesensgleichheit zwischen ihnen, wie es in primitiver Form schon Empedokles getan hatte, als er lehrte: dadurch, daß die Elemente aller Dinge in uns selbst sind, können wir die Dinge erkennen: das Wasser durch das Wasser, das Feuer durch das Feuer in uns, den Streit in der Natur durch den Streit in uns, die Liebe durch die Liebe. Nicht das Auge bildet die Sonne, und kann sie deshalb erkennen — wie man jenen Vers Kantisch interpretieren müßte — sondern Auge und Sonne sind gleichen objektiven Wesens, gleichberechtigte Kinder göttlicher Natur, und dadurch befähigt, sich miteinander zu verständigen, sich ineinander aufzunehmen. Die Kantische und die Goethesche Lösung des Weltproblems, die erkenntnistheoretische und die metaphysische — wobei Goethe sozusagen keine Metaphysik hat, sondern Metaphysik ist — verhalten sich wie zweierlei Beziehungen von Menschen, die äußerlich angesehen den gleichen Inhalt und Bedeutung darbieten, von denen die eine aber durch die suggestive Aktivität der einen Partei — so daß sie die andere gleichsam nach ihrem Bilde und ihrem Ideal des Verhältnisses formt — aufrecht erhalten wird, die andere aber durch die wurzelhafte Einheit und natürliche Harmonie beider Parteien.

LEONARDO DA VINCI.
SELBSTBILDNIS
TURIN: PALAZZO REALE.

An diesem Punkt tritt die persönliche Wesensrichtung Goethes ganz besonders deutlich als Träger seiner Weltanschauung hervor. Als die glücklichste Beanlagung des Menschen in seinem Verhältnis zur Natur kann es wohl gelten, wenn die eigenste, nur den Bedürfnissen und Tendenzen des Ich folgende Entwicklung zu einem reinen Aufnehmen und Bilde der Natur führt, als ob die Kräfte beider sich wie in einer prästabilierten Harmonie äußerten, die einen den Index für die anderen bildeten. Diese Konstellation traf bei Goethe auf das vollendetste zu. In allem, was er äußerte und wirkte, entwickelte er nur seine Persönlichkeit; den ganzen Umkreis seiner Betrachtung und Deutung des Daseins erfüllte er, weil er sich selbst auslebte, und man hat den Eindruck, als ob ihm sein Bild der Natur, das, bei allen sachlichen Einwänden, immerhin eines von unvergleichlicher Geschlossenheit, Beobachtungstreue und Hoheit der Auffassung ist — entstanden wäre, indem er nur die eigene Richtung seiner mitgebrachten Denk- und Gefühlsenergien entfaltet hätte. Deshalb darf er vom Künstler fordern — was nachher noch näher zu deuten ist — daß er „höchst selbstsüchtig" verfahre. Er schildert sich selbst, wenn er einmal von Winkelmann sagt: „Findet sich in besonders begabten Menschen jenes gemeinsame Bedürfnis, eifrig zu allem, was die Natur in sie gelegt hat, noch in der äußern Welt die antwortenden Gegenbilder zu suchen und dadurch (!) das Innere völlig zum Ganzen und Gewissen zu steigern, so kann man versichert sein, daß ein für Welt und Nachwelt höchst erfreuliches Dasein sich ausbreiten werde." Diese glückliche, zur objektiven Natur harmonische Richtung seines subjektiven Wesens rechtfertigt es, daß er, obwohl dieses letztere mit völliger Freiheit entfaltend, überall die Natur zum Spiegel der eigenen Vergeistigung machend, doch immer behaupten kann: er gäbe sich der Natur mit der größten Selbstlosigkeit und Treue hin, er spräche nur aus, was sie ihm diktiert, er vermeide jede subjektive Zutat, die die Unmittelbarkeit ihres Bildes trübte. Wir wissen von vielen der größten bildenden Künstler, und zwar solcher, die die strengste Stilisierung, die souveränste Umformung des Gegebenen übten, daß sie sich für Naturalisten hielten, ausschließlich das, was sie sahen, abzuschreiben meinten. Tatsächlich sehen sie von vornherein so, daß es zu dem Gegensatz innerhalb des unkünstlerischen Lebens: zwischen der inneren Anschauung und dem äußeren Objekt — bei ihnen nicht kommt. Vermittelst der geheimnisvollen Verbindung des Genies mit dem tiefsten Wesen alles Daseins ist sein ganz individuelles, eigengesetzliches Sehen für ihn — und, im Maße seiner Genialität, auch für andere — zugleich die Ausschöpfung des objektiven Gehaltes der Dinge. In Goethe war es tatsächlich ein ganz einheitlicher Prozeß, der sich von der einen Seite als Entwicklung seiner eigenen Geistesrichtung, von der anderen als Aufnehmen und Erkennen der Natur darstellte. Darum muß ihm die Kantische Vorstellung, daß unser Verstand der Natur ihre allgemeinen Gesetze vorschreibt (weil Natur erst dadurch für uns entstehe, daß der Verstand die Sinneseindrücke in den ihm eigenen Formen ausgestaltet) — innerlich völlig fremd, ja eigentlich widrig sein. Der Gegensatz von Subjekt und Objekt muß ihm damit unsäglich übertrieben erscheinen: jenes viel zu selbständig, statt demütig aufnehmender Hingabe an die Natur ein vergewaltigendes Vorgreifen in sie; dieses, mit der letzten Absolutheit seines Wesens dennoch nicht in das Subjekt aufgehend, der ungeheuren Anstrengung des Subjekts, es in sich einzuziehen, spottend. Ihm, der sein Ich von vornherein gleichsam in Parallelität mit der Natur fühlte, mußte es scheinen, als ob die Kantische Lösung dem Subjekt einerseits zuviel, anderseits zuwenig zuspräche, und als ob sie dem Objekte einerseits

Gewalt antäte, statt sich ihm in Treue hinzugeben, während es ihr andrerseits doch als ein Unerfaßbares — ein „Ding an sich" — aus den Händen glitte.

DER DELPHISCHE WAGENLENKER.

In dieser Konsequenz zeigen die beiden Weltanschauungen auch in bezug auf die Grenzen des Erkennens die gleiche Entgegengesetztheit bei scheinbarer Verwandtschaft. Wie Kant fortwährend die Unerkennbarkeit dessen betont, was die Welt jenseits unsrer Erfahrung von ihr sei, so Goethe, daß hinter allem Erforschlichen noch ein Unerforschliches liege, daß wir nur „ruhig verehren" könnten, ein Letztes, Unsagbares, an dem unsre Weisheit ein Ende habe. Für Kant bedeutet dies nur die absolute, durch die Natur unsres Erkennens selbst gesetzte Grenze desselben; für Goethe bedeutet es nur jene Schranke, die aus der Tiefe und dem geheimnisvollen Dunkel des letzten Weltgrundes hervorgeht — wie auch der Fromme sich bescheidet, Gott hienieden nicht schauen zu können, aber nicht eigentlich, weil er sich prinzipiell dem Schauen entzöge, sondern weil unser Schauen dazu erst einer im Jenseits gewährten Steigerung, Kräftigung, Vertiefung bedürfte. Darum sagt er:

„Sieh, so ist Natur ein Buch lebendig,

Unverstanden, doch nicht unverständlich."

Von den letzten Mysterien der Natur trennt uns freilich eine unendliche Entfernung, aber sie liegen doch gleichsam in derselben Ebene mit der erkennbaren Natur, weil es ja nichts als Natur gibt, die zugleich Geist, Idee, das Göttliche ist. Für Kant aber liegt das Ding an sich in einer völlig anderen Dimension als die Natur, als das Erkennbare, und man mag in dieser Region bis ans Ende fortschreiten, so wird man nie auf jene treffen. Goethe schreibt einmal an Schiller: „Die Natur ist deswegen unergründlich, weil sie nicht ein Mensch begreifen kann, obgleich die ganze Menschheit sie wohl begreifen könnte. Weil aber die liebe Menschheit niemals beisammen ist, so hat die Natur gut Spiel, sich vor unsern Augen zu verstecken." Nach den Kantischen Voraussetzungen aber ist dasjenige allerdings vorhanden, was Goethe hier als das Beisammensein der Menschheit vermißt. Jene Formen und Normen, deren Anwendung Erkennen bedeutet, weil durch sie eben erst das Vorstellungsobjekt für uns geschaffen wird, sind nichts Persönliches, sondern sie sind das allgemein Menschliche in jedem Individuum; in ihnen liegt das Verhältnis restlos beschlossen, das die Menschheit überhaupt zu ihren Erkenntnisobjekten hat. Der Natur im allgemeinen gegenüber bestehen also nicht jene individuellen Unzulänglichkeiten, die Goethe erst durch das Beisammensein aller auszugleichen glaubt. Deshalb ist für Kant die Natur prinzipiell völlig durchsichtig und nur die Empirie über sie ist unvollständig. Da für Goethe die Natur selbst von der Idee, vom Absoluten durchdrungen ist, so kommt in der Natur selbst der Punkt, in dem die Intensität und Tiefe der Vorgänge uns weiteres Eindringen versagt; für Kant, der das Übersinnliche völlig aus der Natur hinausverlegt, liegt die Grenze des Erkennens nicht mehr innerhalb ihrer, sondern erst dort, wo sie Natur zu sein aufhört. Für Goethe ist es deshalb nur sozusagen eine quantitative, keine prinzipielle Inkonsequenz, wenn er gelegentlich zu Schiller äußert, die Natur habe kein Geheimnis, das sie nicht irgendwo dem aufmerksamen Beobachter nackt vor die Augen stellte, und ein andermal meint: „Isis zeigt sich ohne Schleier — nur der Mensch, er hat den Star" —, während Kant absolut inkonsequent wird, wenn er uns doch einen Blick in das Reich des Intelligiblen verstattet; wovon wir übrigens hier nicht untersuchen, ob es ihm mit Recht oder Unrecht insinuiert wird.

MICHELANGELO.
SKLAVE VON DER DECKE DER SIXTINISCHEN KAPELLE IN ROM.

Wenn man den Rhythmus der inneren Bewegungen dieser beiden Geister nach ihrem Endziel bezeichnen darf — obgleich solche letzten Ziele nur der Ausdruck der Wesenskräfte und ihrer inneren Gesetze sind, nicht aber das selbständig gesetzte Ziel, das von sich aus jenen die Richtung gäbe — so ist die Formel des Kantischen Wesens: Grenzsetzung, die des Goetheschen: Einheit. Für Kant kam alles darauf an, und so läßt sich seine gesamte Leistung zusammenfassen, die Kompetenzen der inneren Mächte, die das Erkennen und das Handeln bestimmen, gegeneinander abzugrenzen: der Sinnlichkeit ihre Grenze gegen den Verstand, dem Verstand die seinige gegen die Vernunft, der Vernunft die ihrige gegen den Glückseligkeitstrieb, der Individualität die ihre gegen das Allgemeingültige zu setzen; damit sind zugleich in der Objektivität von Welt und Leben die Grenzstriche für die Kräfte, Ansprüche und Bedeutsamkeiten der Dinge selbst gezogen; es gilt für ihn, das praktische, wie das theoretische Leben vor den Übergriffen, Ungerechtigkeiten und Verschwommenheiten zu schützen, die aus dem

Mangel genauer Grenzen zwischen den subjektiven ebenso wie zwischen den objektiven Faktoren hervorgehen. Als so grundlegend er die Bedeutung der Synthese anerkennt, so ist sie ihm doch sozusagen nur die natürliche Tatsache, die er vorfindet, und an der nun erst seine Aufgabe, die Analyse und Grenzsetzung zwischen den Elementen des Seins beginnt. Zu jener großen Aufgabe, das Subjekt mit dem Objekt in ein einheitliches Verhältnis zu setzen, brachte er, als Werkzeuge seiner Detailarbeit daran, von Natur gleichsam die Instrumente des Markscheiders mit. Ersichtlich verhält sich der Künstler den Erscheinungen gegenüber umgekehrt. So sehr er auch zunächst das verwirrende Ineinander der Qualitäten, Betätigungen und Bedeutungen der Dinge auseinanderlegen muß, so macht doch seine innere Bewegung erst an der wiedergewonnenen Einheit Halt, der gegenüber alle Grenzsetzungen Interessen zweiten Ranges sind. Gewiß ist die schließliche Einheit der Elemente und damit der Weltanschauung auch für Kant das Definitivum. Aber die persönliche Note, mit der er gleichsam die Tonart der dahin mündenden Bewegungen bestimmt, ist doch das Interesse an der Grenzsetzung; dies ist die große Geste, die seine Arbeit charakterisiert, wie die inneren Bewegungen Goethes in der Vereinheitlichung der Elemente ihren letzten Ausdruck finden: „Trennen und Zählen", bekennt Goethe, „lag nicht in meiner Natur"; und ausdrücklich sagt er: „Dich im Unendlichen zu finden, mußt unterscheiden und dann verbinden", während Kant die Verbindung vorfindet, und ihre Scheidung für sein dringlichstes Problem hält.

Wie in Kant das Prinzip der Grenzsetzung, so setzt sich bei Goethe das der Einheit aus der allgemeinen Anschauung der Natur in die Einzelheiten fort. Indem die Einheit der Natur sich in diesen dokumentiert, muß sich unter ihnen eine durchgehende Verwandtschaft zeigen, die höchstens einer Abstufung des Entwicklungsmaßes, aber keiner prinzipiellen Verschiedenheit mehr Raum gibt. Ich will nur ein paar Äußerungen hervorheben, die zugleich das plumpe Mißverständnis: Goethes angebliche, hochmütig-aristokratische Weltanschauung zurückweisen. Er betont einmal, daß zwischen dem gewöhnlichen Menschen und dem Genie doch eigentlich nur ein sehr geringer Unterschied gegenüber dem, was ihnen gemeinsam wäre, bestünde. „Das poetische Talent," sagt er ein anderes Mal, „ist dem Bauer so gut gegeben wie dem Ritter, es kommt nur darauf an, daß jeder seinen Zustand ergreife, und ihn nach Würden behandle."

„Wollen die Menschen Bestien sein,

So bringt nur Tiere zur Stube herein,

Das Widerwärtige wird sich mindern,

Wir sind eben alle von Adams Kindern.“

ALBRECHT DÜRER
HIERONIMUS
RADIERUNG.

Und endlich ganz umfassend: „Auch das Unnatürlichste ist Natur. Auch die plumpste Philisterei hat etwas von ihrem Genie. Wer sie nicht allenthalben sieht, sieht sie nirgendwo recht." Die Einheit der Natur ergreift für ihn also auch das, was nach der Skala der Werte aufs äußerste einander entgegengesetzt scheint. Weil Äußeres und Inneres des gleichen Wesens sind, und zwischen ihren letzten Gründen keine Grenzsetzung möglich ist, so kann die Verschiedenheit des Maßes, in dem sie sich zu den einzelnen Erscheinungen mischen, keine wesentliche Verschiedenheit dieser begründen. Und wie zwischen den Menschen, so innerhalb des einzelnen Menschen. Er äußert den „Unmut", den ihm die Lehre von den unteren und oberen Seelenkräften erregt habe. In dem menschlichen Geist, sowie im Universum, ist nichts oben noch unten; alles fordert gleiche Rechte an einem gemeinsamen Mittelpunkt, der sein geheimes Dasein eben durch das Verhältnis aller Teile zu ihm manifestiert. „Alle Streitigkeiten der älteren und neueren bis zur neuesten Zeit entspringen aus der Trennung dessen, was Gott in seiner Natur vereint hervorgebracht. Wer nicht überzeugt ist, daß er alle Manifestationen des menschlichen Wesens, Sinnlichkeit und Vernunft, Einbildungskraft und Verstand zu einer entschiedenen Einheit ausbilden müsse, der wird sich in einer unerfreulichen Beschränkung immerfort abquälen." Alles dieses würde Kant wohl prinzipiell auch zugeben; allein gerade in dieser Tatsache hebt sich die Divergenz der Denkrichtungen am deutlichsten ab. Für Goethe kommt es auf die Einheit an, die trotz der Grenzen der Seelenvermögen besteht; für Kant auf die Grenzen der Seelenvermögen, die trotz ihrer Einheit bestehen. Die Grenzsetzung ist für ihn das unmittelbare Korrelat der Einheit; er sagt einmal, nachdem er zwischen nahe benachbarten Wissensgebieten eine scharfe Grenze gezogen hat: „Diese Absonderung hat noch einen besonderen Reiz, den die Einheit der Erkenntnis bei sich führt, wenn man verhütet, daß die Grenzen der Wissenschaft nicht ineinanderlaufen, sondern ihre gehörig abgeteilten Felder einnehmen." Wenn es das Ziel jeder Weltanschauung ist, das erste regellose Ineinander und Auseinander der Weltelemente zu einer Harmonie und gegenseitig befriedigtem Sinn aller überzuführen, so haben Kant und Goethe dieses gemeinsame Ziel, der eine durch die Gerechtigkeit der Grenzsetzung zwischen ihnen, der andere durch die Einheit ihres Sichdurchdringens erreicht — und gerade darum auch befriedigend erreichen können, weil jeder von ihnen die Tatsache des entgegengesetzten Prinzips anerkennt.

A. FEUERBACH
KONZERT
BERLIN: NATIONALGALERIE.

Für beide wird diese Anerkennung freilich von seiten des letzten Motivs her begrenzt, aus dem überhaupt ihre Anschauungsweise quillt und das bei dem einen ein wissenschaftliches, bei dem andern ein künstlerisches ist. Die Wissenschaft befindet sich immer auf dem Wege zu der absoluten Einheit des Weltbegriffes, kann sie aber niemals erreichen; auf welchem Punkte sie auch stehe, es bedarf von ihr aus immer eines Sprunges in eine andre Denkweise: religiöser, metaphysischer, moralischer, ästhetischer Art — um das unvermeidlich Fragmentarische ihrer Ergebnisse zu einer völligen Einheit zu ergänzen und zusammenzuschließen. Das hat Kant sehr gut gewußt, und er bestimmt deshalb mit großer Entschiedenheit die Schranken nicht nur innerhalb seines Weltbildes sondern auch dieses Weltbildes selbst, soweit er es als wissenschaftlich anerkennt, gegenüber dem Ideal der unbedingten Einheit der Dinge. Für Goethe andrerseits wird die Grenze, bis zu der die Analyse gehen darf, durch ein nicht weniger bestimmtes Kriterium gegeben; sie ist ihm von dem Punkt an unzulässig, wo sie die Schönheit der Dinge zerstört. Schönheit, so könnte man in Goethes Sinne sagen, ist die Form, in der Stoff und Idee, oder Materie und Geist sich gegenseitig innewohnen. Daß Schönheit da ist, daß wir sie empfinden, dass wir sie selbst bilden können, ist die Gewähr dafür, daß jene Einheit der Weltelemente besteht, nach der die Ideenbewegung der Zeit suchte, ist die Gewähr dafür, daß das geistige Subjekt und die objektive Natur sich begegnet sind; und sie können sich nur begegnen — so darf man ihn weiter ausdeuten — wenn und weil sie von vornherein identisch sind. Wir müssen vielleicht auf die geheimnisvolle Gestalt Lionardo da Vincis zurückgehen, um einen Zweiten zu finden, der die Welt so restlos ästhetisch genossen, so jede Wirklichkeit zugleich als Schönheit empfunden hat. Weil Schönheit die Verkörperung ideellen Gehalts im realen Sein ist, so bedeutet die Durchgängigkeit ihrer Herrschaft die Auflösung jenes fundamentalen Gegensatzes zwischen dem geistigen und dem natürlichen, dem subjektiven und dem objektiven Prinzip des Seins, bedeutet die Erkenntnis seiner Nichtigkeit. Darum findet er in der Schönheit das niemals trügende Kriterium für die Richtigkeit der Erkenntnis: in dem Augenblick, wo die — äußere oder intellektuelle — Zergliederung des Objekts die Schönheit seiner Erscheinung nicht mehr bestehen ließe, wäre die Unwahrheit ihrer Ergebnisse bewiesen. Jenes Auseinanderreißen der Natur „mit Hebeln und mit Schrauben“ ist ihm sozusagen theoretisch falsch, weil es ästhetisch falsch ist. Die Anerkennung der Geognosie ringt er sich nur schwer ab, da sie „doch den Eindruck einer schönen Erdoberfläche vor dem Anschauen des Geistes zerstückelt“. Daher auch sein Haß gegen die Zerstückelung Homers; er will ihn „als Ganzes denken“, weil er nur so seine Schönheit bewahre. Von analytischen Geistern, die die dichterisch-synthetische Auffassung der Dinge zerstören, meint er:

„Was wir Dichter ins Enge bringen,
Wird von ihnen ins Weite geklaubt.
Das Wahre klären sie an den Dingen,
Bis niemand mehr dran glaubt.“

In sehr tiefgreifender Weise bezeichnet dies das kleine Gedicht: „Die Freude.“ Er entzückt sich an den Farben einer Libelle, will sie in der Nähe sehen, verfolgt und faßt sie und sieht — ein traurig, dunkles Blau. „So geht es dir, Zergliederer deiner Freuden!“ Mit der zuweit getriebenen Zergliederung, die den ästhetischen Genuß zerstört, entschwindet also nicht etwa eine Illusion, sondern das ganz reale Bild des Gegenstandes. Ja, seine Abneigung gegen Brillen ist schließlich doch auch nur die gegen das scharfe Zerfasern der Erscheinungen, gegen das Zerstören des natürlich schönen Verhältnisses zwischen den Objekten und dem aufnehmenden Organ. Gewiß mit Recht meint Helmholtz, das letzte Motiv für seine unselige Polemik gegen Newtons Farbenlehre verrieten die Stellen, wo er über die durch viele enge Spalten und Gläser hindurchgequälten Spektra spottet, und die Versuche im Sonnenschein unter blauem Himmel nicht nur als besonders ergötzlich, sondern auch als besonders beweisend preist. Die Zerstörung des ästhetischen Bildes ist ihm zugleich die Zerstörung der Wahrheit. Die rechnerische Vorstellung der Dinge, wie die mathematische Naturwissenschaft sie durch Zerlegung in ihre, womöglich qualitätslosen, Elemente gewinnt, muß ihm wegen ihres Mankos an ästhetisch-anschaulichem Werte ein ebenso großer Frevel und Irrweg sein, wie umgekehrt für Kant dieses ästhetische Kriterium ein solcher gegenüber den Gegenständen des Naturerkennens wäre.

Der großen Zweiheit der Weltelemente, durch deren mannigfaltige Versöhnungen hin sich die Weltanschauung der neueren Zeit entwickelt, steht eine andere zur Seite, die sich viel früher als jene aufarbeitet, in ihrem Bildungsschicksal aber mit ihr verwandt ist: der praktische Dualismus zwischen dem Ich und der gesellschaftlichen Gesamtheit, aus dem man die Probleme der Sittlichkeit entspringen zu lassen pflegt. Auch hier beginnt die Entwicklung mit einem Indifferenzzustand: die Interessen des Einzelnen und der Gesamtheit haben in primitiven Kulturen überhaupt noch keine nennenswerte oder bewußte Entgegengesetztheit: der naive Egoismus hat zwar gelegentlich, aber noch nicht prinzipiell einen anderen Inhalt als der Gruppenegoismus. Sehr bald freilich bildet sich mit der anhebenden Individualisierung der Persönlichkeiten ein Gegensatz zwischen beiden heraus, und damit die Forderung an den Einzelnen, sein persönliches Interesse dem der Allgemeinheit unterzuordnen: dem Wollen tritt ein Sollen gegenüber, der natürlichen Subjektivität ein objektives Moralgebot. Und abermals erhebt sich die Einheitsforderung: diesen Dualismus durch

Unterdrückung der einen Seite oder durch gleichmäßige Befriedigung beider aufzuheben; wobei es sich hier ersichtlich um eine Lösung handelt, die den Wert des Lebens überhaupt auf sein Maximum bringe.

Die Antwort vollzieht sich bei Kant und Goethe in fast genauem Parallelismus mit dem Verhältnis ihrer theoretischen Weltanschauungen. Bei Kant durch ein objektives Moralgebot, das jenseits jeglichen besonderen Interesses steht, aber in der Vernunft des Subjekts wurzelt; bei Goethe durch eine unmittelbare innere Einheit der sittlich-praktischen Lebenselemente, durch eine die Gegensätze einschließende Natur des Menschen und der Dinge. Kants zentraler Gedanke beruht hier auf der völligen Scheidung zwischen der Sinnlichkeit und der Vernunft; einen Wert erhielte das Handeln erst dadurch, daß es unter absoluter Rücksichtslosigkeit gegen die erstere ausschließlich der letzteren gehorchte. Diese aber enthält zwei Momente: einmal die Selbständigkeit des Menschen, die verneint ist, sobald sinnliche Motive uns bestimmen, deren Anregung und Befriedigung von außen, von der Gegenwart bestimmter Objekte abhängig ist; zweitens die völlige Objektivität des Sittengesetzes, das mit allen individuellen Reserven, Besonderheiten und Velleitäten schonungslos aufräumt und den ganzen Wert des Menschen ausschließlich darauf gründet, daß er seine Pflicht erfüllt, und zwar nicht nur äußerlich erfüllt, sondern auch um der Pflicht willen; sobald sich irgend ein anderes Motiv als dieses in die Handlung mischt, hat sie keinen Wert mehr. Ist diese Bedingung aber erfüllt, so ist der Mensch in eine höhere, über-empirische Ordnung eingestellt, und gewinnt so durch sein Handeln einen Wert, eine absolute Bedeutung, hinter der all sein bloßes Denken und Erkennen, das sich nur auf Empirisches und Relatives bezieht, weit zurücksteht.

PUVIS DE CHAVANNES.
MITTELGRUPPE AUS DEM WANDGEMÄLDE IN DER SORBONNE ZU PARIS.

An diesem letzteren, äußerst charakteristischen Punkte der Kantischen Lehre, dem „Primat der praktischen Vernunft vor der theoretischen" ist Goethe mit ihm völlig einverstanden. Unaufhörlich betont er, wie Handeln im sittlichen Sinne unser erstes Interesse zu bilden habe. Wie er es als der Weisheit letzten Schluß erklärt, daß man sich das Leben täglich praktisch erobre, wie er den Begriff des Menschen mit dem des Kämpfers identifiziert, so erklärt er, daß er überhaupt nur handelnd denken könne, und daß ihm alle bloße Belehrung direkt verhaßt wäre, wenn sie nicht zugleich seine Tätigkeit belebte. Der Primat der sittlich-praktischen Tüchtigkeit vor aller bloßen Intellektualität und Theorie steht ihm ebenso fest wie Kant.

Für ihre ethische Anschauung bedeutet dies die gleiche Übereinstimmung wie für ihre allgemeine Weltanschauung die Überwindung des oberflächlichen Dualismus der inneren und der äußeren Natur. Aber sogleich trennen sich, hier wie dort, die Wege oberhalb — oder unterhalb — dieser gleichsam nur punktuellen Gemeinsamkeit. Wie für Kant das Unerkennbare des Daseins ein absolutes Jenseits ist, von allem Gegebenen brückenlos geschieden, für Goethe aber nur die in das Mystische sich verlierende Tiefe der Anschauungswelt, in die der Weg von dieser, wenn auch unbeendbar, so doch ohne Sprung führt — so liegt für Kant der sittliche Wert in einer dem Wesen nach anderen Welt, als alles andere Dasein und seine Bedeutungen, von diesen aus nur durch eine radikale Wendung und „Revolution" zu erreichen. In der Goetheschen Anschauung aber ist der sittliche Wert mit den übrigen Lebensinhalten in einer einheitlichen, kontinuierlich aufsteigenden Reihe verbunden, und sein auch für ihn unbezweifelbarer Primat ist jenen gegenüber der Rang des primus inter pares. Jener fundamentale und unversöhnliche Wertunterschied zwischen der sinnlichen und der vernünftigen Seite unseres Wesens, auf dem die ganze Kantische Ethik steht, muß Goethe ein Horror sein — wie überhaupt sein eigentlicher Todfeind der christliche Dualismus ist, der die Sichtbarkeit der Welt und ihren Wert auseinanderreißt. Die metaphysische Einheit der Lebenselemente muß sich für ihn unmittelbar in eine Werteinheit derselben umsetzen. Daß er, wie wir sahen, das Innere und das Äußere nicht trennen kann, daß er statt der „oberen und unteren Seelenkräfte" einen gemeinsamen Mittelpunkt des psychischen Daseins fordert — das entstammt doch wohl der in die letzten Tiefen seiner Persönlichkeit hineinreichenden und allem Beweisen und Widerlegen unzugänglichen Empfindung einer Gleichheit und Harmonie aller unserer Wesensseiten in bezug auf den Wert, den jede besitzt. Wie für ihn in der anschaulichen Welt nichts so klein, flüchtig oder abseitliegend ist, daß sich nicht seine ganze Aufmerksamkeit darauf richten könnte, und daß es ihm nicht zum Spiegel ewiger Gesetze, zum Repräsentanten der Gesamtheit des Alls würde, so läßt es in der subjektiven Welt die gewaltige Einheit seines Lebensgefühles nicht zu einem prinzipiellen Wertunterschiede seiner einzelnen Energien kommen. Goethes Existenz wird durch das glücklichste Gleichgewicht der drei Richtungen unserer Kräfte charakterisiert, deren mannigfaltige Proportionen die Grundform jedes Lebens abgeben: der aufnehmenden, der verarbeitenden, der sich äußernden. In diesem dreifachen Verhältnis steht der Mensch zur Welt: zentripetale Strömungen, das Äußere dem Inneren vermittelnd, führen die Welt als Stoff und Anregung in ihn ein, zentrale Bewegungen formen das so Erhaltene zu einem geistigen Leben und lassen das Äußere zu einem Ich und seinem Besitz werden, zentrifugale Tätigkeiten entladen die Kräfte und Inhalte des Ich wieder in die Welt hinein. Wahrscheinlich hat dieses dreiteilige Lebensschema eine unmittelbare physiologische Grundlage, und der seelischen Wirklichkeit seiner harmonischen Erfüllung entspricht eine gewisse Verteilung der Nervenkraft auf diese drei Wege ihrer Betätigung. Beachtet man nun, wie sehr das Übergewicht eines derselben die anderen und die Gesamtheit des Lebens irritiert, so möchte man ihre wundervolle Ausgeglichenheit in Goethes Natur als den physisch-psychischen Ausdruck für deren Schönheit und Kraft ansehen. Er hat innerlich sozusagen niemals vom Kapital gezehrt, sondern seine geistige Tätigkeit war fortwährend von der rezeptiven Hinwendung zur Wirklichkeit und allem, was sie bot, genährt; seine inneren Bewegungen haben sich nie gegenseitig aufgerieben, sondern seine ungeheure Fähigkeit, sich nach außen hin handelnd und redend auszudrücken, verschaffte jeder die Entladung, in der sie sich völlig ausleben konnte: in diesem Sinne hat er es so dankbar hervorgehoben, daß ihm ein Gott gegeben hat, zu sagen, was er leidet. So könnte man in seiner Denkrichtung sagen, daß, wenn irgend eine Lebensenergie prinzipiell einer anderen untergeordnet ist, so sei sie eben dadurch, daß sie diese ihr zukommende Stelle ausfüllt, gerade so wertvoll wie die höhere, die auch nichts kann, als ihre Funktion ausüben, und das eben erst im Zusammenwirken mit der ersten kann; so daß jene antiaristokratische Meinung über die annähernde Gleichwertigkeit der Menschen — vor der er übrigens selbstverständlich im Empirischen und nach dem einmal rezipierten Maßstab den Unterschied zwischen der blöden Menge und den großen Menschen nie übersieht — ihre Analogie innerhalb des einzelnen Menschen, in Beziehung auf seine Wesenselemente findet. Wenn ich vorhin die Einheit des Inneren und des Äußeren, des Subjektiven und des Objektiven, des Ideellen und des Realen als die Voraussetzung der künstlerischen Weltanschauung hervorhob, so kommen wir hier vielleicht auf die noch tiefere Fundamentierung dieses Fundaments; jenes In- und Miteinander der Weltelemente ist doch vielleicht nur der Ausdruck, man könnte sagen: die metaphysische Rechtfertigung ihrer Wertgleichheit, die er empfindet. Das mag auch der Grund sein, weshalb das antike Unverhülltsein seiner sinnlichen Derbheiten immer künstlerisch wirkt, weil es jene Gleichberechtigung der Wesensseiten aufs schärfste verdeutlicht, die, zu einer allgemeinen Weltanschauung geformt, die Metaphysik aller Kunst ausmacht.

Indem ihm so das auf das eigene und sinnliche Glück gerichtete Ideal mit dem Vernunftideal eine Einheit bildet, erhebt er sich ganz über den Gegensatz zwischen eudämonistischer und rationalistischer Moral, auf dem die Kantische Ethik ruht. Vielen Mißverständnissen gegenüber muß durchaus betont werden, daß seine Fremdheit gegen die logische Strenge der Vernunftethik absolut nicht bedeutet, er habe das Leben einem sinnlichen und Genußideal untertan machen wollen. Ja, um seinen Abstand hiervon zu begreifen: er kann es direkt aussprechen (1818), es sei Kants unsterbliches Verdienst, daß er die Moral „dem schwankenden Kalkul einer bloßen Glückseligkeitstheorie entgegengestellt" und sie in ihrer höchsten übersinnlichen Bedeutung erfaßt habe. Das widerstreitet gar nicht dem Ausruf in den Lehrjahren: „O der unnötigen Strenge der Moral, da die Natur uns auf ihre liebliche Weise zu allem bildet, was wir sein sollen." Denn die Übersinnlichkeit, die er dort meint, ist eben nicht die Kantische, die einerseits eine exklusive Vernunftherrschaft, andrerseits unsere Einstellung in eine transszendente Ordnung der Dinge bedeutet. Goethes Übersinnliches will hier nur die allumfassende Natur besagen, die freilich ebensowenig einseitige Sinnlichkeit ist wie einseitige Vernünftigkeit. Das spricht er ganz unzweideutig einige Jahre später in einem Briefe an Carlyle aus: „Einige haben den Eigennutz als Triebfeder aller sittlichen Handlungen angenommen; andere wollten den Trieb nach Wohlbehagen, nach Glückseligkeit als einzig wirksam finden; wieder andere setzten das apodiktische Pflichtgebot obenan: und keine dieser Voraussetzungen konnte allgemein anerkannt werden, man mußte es zuletzt am geratensten finden, aus dem ganzen Komplex der gesunden menschlichen Natur das Sittliche sowie das Schöne zu entwickeln." Die eigentliche Großartigkeit des Kantischen Moralismus, die immer wieder über seine Verengerung und Vereinseitigung der Wertsphären triumphiert, hat Goethe freilich niemals erfaßt. Das sittliche Sollen ist für Kant die eine Karte, auf die der ganze Wert des Lebens gesetzt ist; und daran mußte Goethe vor allem die ungeheure Vergewaltigung aller anderen Lebensgebiete fühlen. „Alles Sollen ist despotisch," sagt er, und ihm, dem aus der tiefen Einheitlichkeit des Seins die gleichberechtigte Freiheit all seiner Elemente quoll, erschien dies unerträglich, weil er nicht in die Tiefe der Kantischen Lehre drang, in der dieses Sollen sich als die äußerste und unbedingte Freiheit des Ich offenbarte. Denn den „Despotismus" jenes Sollens kann nach der Kantischen Deutung weder ein Gott noch ein Staat, weder ein Mensch noch eine Sitte uns auferlegen, sondern allein wir selbst. Die ganze Peripherie des Lebens erscheint Kant von Mächten mindestens mitbestimmt, die außerhalb des tiefsten Ich liegen, und nur an dem Punkte der sittlichen Freiheit, d. h. an dem Gesetze, das wir uns selbst auferlegen, bricht dieses hervor — in unversöhnlichem Gegensatz freilich zu dem Künstler, dem alles scheinbar Äußerliche der Ort für die Bewährung seiner tiefsten Persönlichkeitskräfte ist.

Wenn unsere Natur einheitlich ist, weil die Natur überhaupt es ist, so zeigt sich damit der ethisch-praktische Konflikt nicht nur in uns, sondern auch außerhalb unser als nichtig. Sie muß das Ich und seine Interessen mit der sozialen Gesamtheit ebenso versöhnen, wie die Sinnlichkeit mit der Vernunft. Daraus erklärt sich, daß Goethe den eigentlich sozialen Problemen auch in ihren allgemeinsten Formen ganz fremd gegenübersteht. Denn immer handelt es sich in diesen darum, das unzulängliche oder verschobene Gleichgewicht zwischen dem Individuum und seinem sozialen Kreise herzustellen. Goethe steht hier ganz auf dem Boden seiner Zeit, die von dem Einzelnen als Sozialwesen nur zu fordern pflegte, daß er seine persönliche Kraft und Einzelinteresse ganz individuell bewähre. Völlig im Tone des landläufigen Liberalismus bemerkt er gegen die Saint-Simonisten, daß jeder bei sich anfangen und zunächst sein eigenes Glück machen müsse, woraus denn zuletzt das Glück des Ganzen unfehlbar entstehen werde. Dies mag für ihn auch ästhetisch begründet sein. Er verlangt einmal vom Künstler, er solle „höchst selbstsüchtig" verfahren, nur das tun, was ihm Freude und Wert ist. Für die Kunst ist dieser Liberalismus auch völlig angebracht, weil hier tatsächlich ein Maximum von Gesamtwert entsteht, wenn jeder Künstler seinem individuellen Ideale nachgeht; und weil das objektiv Wertvolle der Kunst, das jenseits des Gegensatzes von Ich und Du steht, sich dem Künstler allerdings in der Form eines persönlich leidenschaftlichen Begehrens darstellt. Für geringwertige ästhetisch angelegte Naturen droht hiermit freilich die Gefahr eines Libertinismus, der die ästhetischen Werte ausschließlich ihrer subjektiven Genußseite wegen kultiviert, unter dem Selbstbetrug, daß sie, als ästhetische, an sich selbst etwas Überindividuelles, objektiv Wertvolles seien. Solche Tendenz auf den Genuß als das Letztentscheidende lag Goethe völlig fern, wenn er das egoistische Prinzip betonte. Er war sich bewußt, nur seine einheitliche Persönlichkeit zu entwickeln — und dasselbe von andern zu verlangen — die freilich eine subjektive und eine objektive Seite hatte; wobei es denn sozusagen nur eine technische Frage war, welche von beiden gelegentlich die Führung übernahm. Der künstlerische, der Produktion objektiver Werte sich bewußte Egoismus verhält sich deshalb durchaus kühl den Aufgaben gegenüber, die aus der Spaltung der Individuen hervorgehen und deren Versöhnung nun gerade durch den Verzicht auf allen Egoismus gewinnen wollen. Statt der Versuche, jenem sozialen Antagonismus der Menschen eine bestimmte Form zu geben oder ihn zu überwinden, interessiert Goethe vielmehr das „Allgemein-Menschliche" als der unmittelbare Ausdruck, sozusagen als die menschliche Form der metaphysischen Einheit der Natur; die menschliche Natur ist ebensowenig eigentlich zu korrigieren, sondern nur zu entwickeln, wie unsere Theorie sie sich nicht durch künstliche, ihr Wesen alterierende Experimente, sondern nur durch ruhige Beobachtung ihrer freiwilligen Entfaltung nahe zu bringen habe. „In jedem Besonderen," so hofft er, „wird man durch Nationalität und Persönlichkeit hindurch jenes Allgemeine immer mehr durchleuchten sehen." In ähnlicher Gesinnung hat jetzt Nietzsche, trotz oder wegen des leidenschaftlichen Interesses für den Menschen und die Gesamtentwicklung der Menschheit, eine absolute Gleichgültigkeit gegen alle sozialen Fragen an den Tag gelegt. Dagegen ist für den Sozialforscher oder -politiker der Mensch überhaupt kein Problem, sondern nur die Menschen. Kants Moralgesetz ist, wie Schleiermacher sagte, „nur ein politisches": es gibt die präzise und erschöpfende Formel für den Menschen, der seinen sozialen Pflichten gleichsam von Natur feindlich gegenübersteht und ein Verhalten sucht, mit dem dennoch ein Zusammenleben aller möglich ist. Der äußere wie der innere Dualismus des Menschen bleibt für Kant, im Praktischen nicht weniger als im Theoretischen, im Vordergrund des Bewußtseins, und seine Lösung ist gleichsam nur eine labile, die mit dem Weiterbestand des Konflikts rechnet. Wenn Goethe aber es als sein Ideal bezeichnet, „eine gewisse sittlich-freisinnige Übereinstimmung durch die Welt zu verbreiten", so ist die Voraussetzung davon die Negation eben jener Scheidung und Entgegengesetztheit zwischen Individuum und Gruppe und zwischen Gruppen untereinander, aus der die sozialen Probleme entspringen. Das kosmopolitische Ideal Goethes ist Ausdruck und Gegenbild der einheitlichen Menschennatur, deren Wesensseiten sich gleichberechtigt durchdringen und so sehr der Ausdruck eines metaphysischen Sinnes sind, wie die Elemente der menschlichen Gesellschaft und der Welt überhaupt.

JAMES MC. N. WHISTLER
Glasgow: Gallery. Photographie Hanfstängel.
THOMAS CARLYLE.

Da nun aber die Moral in dem landläufigen Sinne des Wortes sich auf jener von Kant akzeptierten Spaltung innerhalb des Menschen und zwischen den Menschen erhebt, so kann die Goethesche Weltanschauung in diesem Sinne keine moralische heißen; selbstverständlich ist sie darum keine unmoralische, sondern steht jenseits dieses Gegensatzes. Da die Natur an sich schon Ort und Darstellung der Idee ist, so ist das Höchste, wozu Menschen gelangen, der Inhalt der höchsten Forderung an sie, daß sie das, was die Natur in sie gelegt hat, aufs vollständigste und reinste ausbilden. Das Moralische im engeren Sinne ist wohl auch eine Seite davon, aber weil es eben nur eine Seite ist, kann sie gelegentlich hinter einer anders gerichteten zurücktreten müssen, wenn dadurch eine vollständigere Entwicklung der Natur oder der Idee der Person erreicht wird. Von Klopstock sagt er einmal, er wäre, „von der sinnlichen wie von der sittlichen Seite betrachtet, ein reiner Jüngling“ gewesen. Daß er so die sinnliche Reinheit noch von der sittlichen unterscheidet, zeigt einen Sittlichkeitsbegriff, der über die Moral im engeren Sinne weit hinausgeht: er deutet damit an, daß die sinnliche Reinheit noch lange keine sittliche vielleicht sogar, daß die sittliche noch keine sinnliche zu sein braucht. So sind auch seine Vorstellungen über das Verhältnis der Geschlechter oder über die Taten Napoleons oder über die Verbindung des Einzelnen mit seiner Nation sicher den gewöhnlichen ethischen Idealen keineswegs adäquat; sie werden eben ganz von dem darüber gelegenen Ideal der Natur beherrscht: daß der Mensch — so könnte man in Goethes Sinne sagen — seine Triebe und Anlagen in der Art und mit der Auswahl zu entwickeln habe, daß ein Maximum von Gesamtentwicklung herauskommt. Da das Sein und der Wert nichts Getrenntes sind — „am Sein erhalte dich beglückt!" — so ist die höchste Steigerung des Seins auch die des Wertes. Ihren tiefsten Ausdruck scheint mir diese übermoralische Moral in dem folgenden merkwürdigen Satz zu gewinnen: „Was die Menschen gesetzt haben (nämlich als Gesetze), das will nicht passen, es mag recht oder unrecht sein; was aber die Götter setzen, das ist immer am Platz, recht oder unrecht." Über den Gegensatz von Recht und Unrecht, also über den am Kriterium der Moral entstandenen, stellt er hier einen höheren Begriff: das „Passen", d. h. die Fähigkeit der Einzelheit, sich in den letzten, höchsten Zusammenhang und Harmonie der Dinge einzustellen. Hiermit ist aufs entschiedenste bezeichnet, wie weit er über den Moralismus Kants hinausgeht. Kant sieht in dem sittlichen Menschen den Endzweck der Welt, den alleinigen, absoluten Wert. Der sittliche Mensch hat für ihn etwas Unendliches, weil er die Lösung eines eigentlich unlösbaren Konflikts ist. Diesen fundamentalen Zwiespalt gibt es für Goethe nicht. Darum kann auch die Moral nicht sein Absolutes und Letztes sein, sondern nur eines der Lebensprobleme und andern koordiniert — während sie bei Kant die schlechthin einzige Stellung einnimmt: allein aus der Welt des Lebens in die transszendente hinaufzureichen. Indem er mit Goethe in dem negativen Teile der Wertfrage übereinstimmt, und beide die Glücksempfindung als definitiven Lebenswert weit von sich weisen, bleibt Kant an dem Gegenteil haften, während Goethe sich über den ganzen Gegensatz erhebt und die harmonische Einheit des Seins, in der Glück und Unglück, Sittlichkeit und Unsittlichkeit nur einzelne Momente sind, als den letzten Sinn, das absolute Maß alles Lebens erkennt. Ich stehe nicht an, den angeführten Satz für eine der tiefsten und größten Deutungen vom Sinn des Daseins zu halten; er läßt uns einen fundamentalen Zusammenhang, eine gegenseitige Beziehung aller Dinge ahnen, in dem die Einheit der Natur besteht oder sich offenbart und dem gegenüber es ein kleinlicher Anthropomorphismus ist, in dem zufälligen Ausschnitt, den wir als Moral bezeichnen, den Höhepunkt des Seins zu erblicken. Und hier kann auch darauf hingedeutet werden, daß Goethes Weltanschauung in letzter Instanz nicht nur über dem Moralismus, sondern auch über dem Ästhetizismus stehen dürfte. Gewiß überragt das ästhetische

Motiv bei ihm an Wirksamkeit alle in dem gleichen Niveau stehenden, und man kann es, wie wir es getan haben, überall zur Interpretation seines Standpunktes benutzen; alle Einzelheiten führen darauf wie auf ihren Schnittpunkt hin. Allein dennoch liegt unterhalb seiner eine noch tiefere, sozusagen elementarere Beschaffenheit, sein eigentlichstes Sein, von dem auch das künstlerische Motiv nur die Erscheinung und Darstellung in empirischem Material ist. Wenn sich nämlich das Goethesche Existenzbild so darbietet, daß die Identität von Natur und Geist, das pantheistische Eins in Allem, Alles in Einem — als Konsequenz seiner ästhetischen Grundtendenz auftritt, so kann sehr wohl im letzten Fundamente der Zusammenhang der umgekehrte sein: die tiefste Schicht seiner Natur, jenes ganz Primäre und Absolute, in dem alles eigentlich Benennbare des Wesens erst wurzelt, mag eben ein Gefühl von dem elementaren und ihn selbst einschließenden Zusammenhang alles Seins gewesen sein. Mehr als irgend jemand, von dem wir wissen — auch Spinoza nicht ausgeschlossen — scheint jene geheimnisvolle Einheit aller Existenz, an der die Philosophie von jeher herumgetastet hat, in ihm den Inhalt des Lebensgefühls selbst ausgemacht zu haben. Gerade wie man von religiös begeisterten Menschen sagt, daß der Gott in ihnen lebt, so war offenbar in seinem subjektiven Existenzgefühl dasjenige lebendig, was man, um irgend einen Ausdruck dafür zu haben, nur die metaphysische Einheit der Dinge nennen kann; ja, daß sie so in ihm lebt, das machte ihn eben aus, das war er. Dieser Bestimmtheit seines Seins überhaupt gegenüber, die sich im Selbstbewußtsein erst spiegelt, erscheint seine künstlerische Anschauung und Betätigung doch nur als das Verhältnis, das eine so qualifizierte Natur zu der besonderen Richtung ihrer Talente, zu ihrer kulturell und historisch bestimmten Umgebung, zu äußeren Anregungen und Betätigungsmöglichkeiten gewinnt, als ein Ausdruck seines eigentlichen Wesens, aber nicht als das Wesen selbst. Als Existenz überhaupt, gleichsam als Substanz, mit der er in die Formen und Bewegungen der Welt eintritt, steht er jenseits des Ästhetischen, das sich vielmehr erst im Zusammenschlage jener mit diesen Formen und Bewegungen ergab und sein empirisches Bild gestaltete. Diese letztinstanzliche Bedeutsamkeit des Lebens, auf die man schließlich nur von einer unüberwindlichen Distanz her hindeuten, die man aber nie mit unzweideutigen Begriffen ergreifen kann, muß der merkwürdigen Äußerung zugrunde liegen, die er zu Eckermann tut, als von seiner Theaterleitung und den vielen für sein künstlerisches Schaffen dadurch verlorenen Jahre die Rede ist. Im Grunde gereue ihn dieser Verlust doch nicht, sagt er. „Ich habe all mein Wirken und Leisten immer nur symbolisch angesehen, und es ist mir im Grunde ziemlich gleichgültig gewesen, ob ich Töpfe machte oder Schüsseln.“ So erscheint ihm selbst also sein künstlerisches Tun als ein bloßes Sich-Ausprägen, Sich-Umsetzen einer tiefer gelegenen Realität, statt dieses Letzte, eigentlich Wirkliche und

Wirksame selbst zu sein. Von hier aus verstehen wir nun noch gründlicher sein fortwährendes Drängen auf praktische Betätigung, sein Fühlen und Werten seiner selbst als handelnden Wesens. Denn das Handeln ist die Form, durch die jener absolute Urgrund des persönlichen Seins in die sichtbare Wirklichkeit tritt und die deshalb im allerumfassendsten Sinn die Einheit des Subjektiven und Objektiven ausmacht, das in der bloßen Theorie getrennt, einander gegenübergestellt erscheint.

HANS HOLBEIN D.J.
Paris: Louvre
ERASMUS VON ROTTERDAM.

Wenn für ihn nach alledem die Aufgabe des Menschen nur ist, seine Kräfte bis zum vollen Ausschöpfen aller Möglichkeiten zu entwickeln, damit gleichsam die Natur in ihm zu ihrem vollen Sinn komme, so zeigt doch jeder Blick auf das empirische Leben, daß es die Zeit und die Bedingungen zu einer so vollständigen Entwicklung nur sehr wenigen, vielleicht niemandem gewährt. In Wirklichkeit ist dies eine der fürchterlichen Menschentragödien, daß die menschlichen Kräfte sich in menschlichen Verhältnissen nicht vollkommen ausleben und entfalten können. Was als Begabung, als Spannkraft in uns lebt — ganz abgesehen von Velleitäten —, könnte nur durch den merkwürdigsten Zufall die Möglichkeit restloser Bewährung finden; es fehlt hier, sichtbarer als sonstwo, wie vorbestimmte Harmonie oder die nachbestimmende Anpassung. Und es handelt sich nicht nur darum, daß das vollendete Werk Befriedigung auf uns zurückstrahle, sondern um diejenige eigentlich unerläßliche Genugtuung, die in der Lösung der gespannten Kräfte, in der Funktion, die unser Können ganz zum Ausdruck bringt, gelegen ist. Wo diese Inkommensurabilität zu vollem Bewußtsein gelangt, muß der Mensch untergehen. Das drückt Faust aus; bliebe er in seinen ursprünglichen empirischen Verhältnissen, so würde er sich verzehren, die unentfalteten Kräfte würden ihn töten. Das Bündnis mit Mephisto, die Herstellung seines Lebenswerkes durch dämonische Kräfte ist nur die positive Wendung davon: überempirische Verhältnisse müssen herbeigerufen werden, um die Entwicklung der Kräfte zu ermöglichen. Aus der Forderung an die Natur, daß es bei diesem Widerspruch nicht sein Bewenden haben könnte, entspringt die bekannte Äußerung zu Eckermann über die Unsterblichkeit: „Wenn ich bis an mein Ende rastlos wirke, so ist die Natur verpflichtet, mir eine andere Form des Daseins anzuweisen, wenn die jetzige meinem Geist nicht ferner auszuhalten vermag." Und eine spätere Bemerkung betont nochmals den besonderen Sinn und Grund dieser Unsterblichkeit: wir seien zwar unsterblich, aber doch nicht alle „auf gleiche Weise"; vielmehr nur nach dem Maße der Kraft, die wir einzusetzen und auszuleben haben.

REMBRANDT
BÜRGERMEISTER SIX

Es ist nun sehr merkwürdig, wie auch an diesem Punkt Kantische Argumente eine äußere Ähnlichkeit mit den Goetheschen zeigen, bei völliger Divergenz der grundlegenden Gesinnung. Kant stellte fest, daß wir, als endliche und natürliche Wesen, den Trieb nach Glückseligkeit als eine nicht zu leugnende und nicht zu beseitigende Tatsache in uns finden, gerade wie als moralische Wesen die Forderung des Sittengesetzes. Über diesen beiden Tatsachen erhebt sich das Verlangen nach ihrer Harmonie: die Weltordnung wäre nichts als eine große Dissonanz, wenn nicht das Maß des genossenen Glücks dem Maß der sittlichen Vollendung entspräche. Tatsächlich aber ist diese Proportion im irdischen Leben nicht vorhanden; zwischen Sittlichkeit und Glückseligkeit zeigt die Erfahrung keinerlei gerechtes und harmonisches Verhältnis. Da man aber an dieser Unerträglichkeit schlechthin nicht Halt machen und sie nicht der Ordnung der Dinge als ein Definitivum aufbürden kann, so postuliert Kant die Unsterblichkeit der Seele, weil sie nur in einem Jenseits und durch den Machtwillen eines Gottes ihre Vollendung: die Harmonie ihres sittlichen und ihres eudämonistischen Seins finden kann. Es ist also sozusagen das gleiche Schema, in dem sich die Kantische und die Goethesche Unsterblichkeitslehre vollzieht; beide finden in der Wirklichkeit des menschlichen Wesens gewisse Forderungen unmittelbar angelegt, zu deren Erfüllung dasselbe unter den empirischen Verhältnissen nicht gelangen kann; da sie aber bei diesem Widerspruch nicht stehen bleiben können, so fordern sie von der Ordnung der Dinge, das Versprechen, das sie mit der Organisation unseres Wesens gegeben hat, wenigstens in einem Jenseits einzulösen. Nun aber zeigt sich sofort die tiefe Unterschiedenheit der Weltbilder: für Goethe könnte die Natur nichts so Sinnloses tun, als uns Kräfte zu verleihen, denen sie die Entwicklung abschneidet (so sehr fällt ihm objektiv die Wirklichkeit mit dem Geist zusammen, daß er in bezug auf die subjektiven Formen beider behauptet, alles Falsche wäre auch geistlos!); für Kant könnte sie nichts so Unmoralisches tun, als der Sittlichkeit ihr Äquivalent vorzuenthalten. Kant fordert die Unsterblichkeit, weil die empirische Entwicklung des Menschen einer Idee nicht genügt, Goethe, weil sie den wirklich vorhandenen Kräften nicht genügt; Kant, weil die an sich getrennten Elemente, Sittlichkeit und Glückseligkeit, doch eine Einheit gewinnen müßten, Goethe, weil der ganze einheitliche Mensch doch das in Wirklichkeit werden müßte, was er der Möglichkeit nach von vornherein sei. Man erkennt auch hier, daß Kant die Elemente des menschlichen Wesens außerordentlich weit auseinander treibt, so daß sie nur in ganz fernen und neuen Dimensionen und Ordnungen sich wieder zusammenfinden können, während diese Einheit für Goethe in unserer unmittelbaren Wirklichkeit gegeben ist und es sich sogar in der Unsterblichkeitsfrage nur um eine konsequente Weiterentwicklung schon gegebener Richtungen handelt. Der Übergang der Seele von dem irdischen in den transszendenten Zustand ist für Kant der radikalste, für den sein Denken Raum hat, für Goethe ein Fortschreiten in ungeänderter Richtung, ein bloßes Freiwerden vorhandener Energien. Auch dieser vorgeschobenste Posten der beiden Weltanschauungen spiegelt ebenso den Rhythmus des Kantischen Wesens, das die Momente des Seins untereinander und von ihrem Wert scheidet, um sie erst oberhalb oder unterhalb der Wirklichkeit wieder zu versöhnen, wie den des Goetheschen, für den das Sein in sich und mit seinem Wert von vornherein ein einheitliches ist. Hier wie überall ist das Schema ihrer Divergenzen dies, daß Kant der Entwicklung eines analytischen Zustandes, Goethe der eines synthetischen nachgeht. Goethe steht mit dem gesteigertsten Bewußtsein und der vertieftesten Begründung auf dem Boden undifferenzirter Einheitlichkeit, die der Ausgangspunkt aller geistigen Bewegungen gewesen ist. Kant akzentuiert die Zweiheit, in die diese auseinandergegangen ist; gegenüber jenem sozusagen paradiesischen Zustand — wenngleich es nur ein paradise regained ist — hat bei ihm das scientes bonum et malum die äußerste Schärfe erlangt, die Einheit, die er gewinnt, trägt die Spuren der Entzweiung, die Nähte sind nicht völlig verwachsen.

Aber eben jener Flug an ein äußerstes Ziel des Betrachtens und Empfindens der Welt hat Goethe über so manche Stationen sich hinwegsetzen lassen, die das langsam geschichtliche Vorschreiten nicht übergehen kann; so mögen auf dem Zickzackweg der Geistesentwicklung Strecken kommen, die der Richtung des Goetheschen Weges, selbst wenn diese die definitive und objektiv richtig wäre, direkt entgegenlaufen. Und so steht es in der Wissenschaft der letzten hundert Jahre. Denn diese will — oder wollte wenigstens — wirklich der Natur ihre Geheimnisse mit Hebeln und mit Schrauben abzwingen; sie will wirklich das Wahrheitsinteresse davon ganz unabhängig machen, ob es die Schönheit der Erscheinung zerstört oder nicht; sie will wirklich nicht von einer Idee des Ganzen, sondern von möglichst atomisierten Elementen ihren Ausgang nehmen; sie sieht wirklich den seelenlosen Mechanismus zweckfremder Stoffe und Kräfte als ihr einziges Konstruktionsprinzip des Naturbildes an; ihr liegt aller Sinn, alle übermechanische Bedeutung derselben hinter der Erscheinung, in dem Reich des Intelligiblen, das in das der Sichtbarkeit und Erfahrung nie und nirgends hineinreiche; sie hat weder im Theoretischen noch im Ethischen jenes Zutrauen zu dem unmittelbar harmonischen Verhältnis zwischen der Natur und unseren Idealen. In alledem ist dagegen Kant der Mitbegründer und Genosse des modernen wissenschaftlichen Geistes; er, der einerseits in allem Wissen nur so viel wirkliche Wissenschaft sah, wie Mathematik darin ist, und der andrerseits die Gültigkeit der Mathematik auf die Form menschlicher Anschauung beschränkte und allem absprach, was nicht unmittelbar erscheinen kann; er, der den Geist und Zweck in der Natur für eine bloße „subjektive Maxime" ihrer Beurteilung erklärte, die ihr eigenes Sein gar nicht berührte; er, der das Auseinanderklaffen unserer tiefsten Wesensbedürfnisse mit erbarmungsloser Schärfe erkannte, um dem Verlangen nach ihrer Harmonie schließlich das Almosen eines transszendirenden Glaubens zu gewähren. Wir können uns nicht verhehlen, daß die Gleichung zwischen diesen beiden Weltanschauungen noch nicht gefunden ist, so sicher erst mit ihr alles erfüllt wäre, was wir von unserem geistigen Verhältnis zur Welt begehren. Denn nicht so etwa stehen sie sich gegenüber, daß die eine uns die Wahrheit, die andere den Wert des Weltbildes zuführte; vielmehr, wodurch würde die Wahrheit als eine Partei in diesen Streit eintreten und unser Interesse fordern dürfen, wenn sie nicht auch ein Wert wäre? — so daß die Frage im letzten Grund zwischen zwei Wertgefühlen steht. Vielleicht aber ist sie überhaupt falsch gestellt, wenn sie nach einem stabilen Gleichgewicht beider sucht; vielleicht ist es der eigentliche Rhythmus und Formel des modernen Lebens, daß die Grenzlinie zwischen der mechanistischen und der idealistischen Auffassung der Welt in fortwährendem Fließen bleibe, so daß die Bewegung zwischen ihnen, der Wechsel ihrer Ansprüche auf das

Einzelne, die Entwicklung ihrer Gegenwirkungen ins Unendliche dem Leben den Reiz gewährt, den wir von der unauffindbaren definitiven Entscheidung zwischen ihnen erhofften. Das ist freilich Epigonentum; aber es ist auch die äußerste Ausgestaltung und Ausnützung der Gunst, die die Natur der Dinge den Epigonen gewährt: daß, wenn ihnen die Größe der Einseitigkeit entgeht, sie dafür der Einseitigkeit der Größe entgehen können.

AUGUSTE RODIN.
Ny Carlsberg Glyptothek.
DER DENKER.

DIE KULTUR

Sammlung illustrierter Einzeldarstellungen

Herausgegeben von CORNELIUS GURLITT

Band Erschienen:

1. ARISCHE WELTANSCHAUUNG von HOUSTON STEWART CHAMBERLAIN.
2. DER GESELLSCHAFTLICHE VERKEHR von OSCAR BIE.
3. DER ALTE FRITZ von WILHELM UHDE.
4. DIALOG VOM MARSYAS von HERMANN BAHR.
5. ULRICH VON HUTTEN von G. J. WOLF.
6. VON AMOUREUSEN FRAUEN von FRANZ BLEI.
7. ERZIEHUNG ZUR SCHÖNHEIT v. M. N. ZEPLER.
8. LANDSTREICHER von HANS OSTWALD.
9. FRAUENBRIEFE DER RENAISSANCE von LOTHAR SCHMIDT.
10. KANT UND GOETHE von GEORG SIMMEL.
11. DIE MODERNE MUSIK von OSCAR BIE.
12. SCHILLERS WELTANSCHAUUNG von A. VON GLEICHEN-RUSSWURM.
13. LEBEN MIT MENSCHEN v. ARTH. HOLITSCHER.

Weitere Bände in Vorbereitung

Jeder Band in künstlerischer Ausstattung mit Kunstbeilagen, Faksimiles und Porträts, kartoniert	*M. 1.50*
in Leder gebunden	*M. 3.—*

BARD, MARQUARDT & Co., BERLIN W. 50.

DIE MUSIK

Sammlung illustrierter Einzeldarstellungen

Herausgegeben von RICHARD STRAUSS

Band *Bisher erschienen:*

1. Beethoven von August Göllerich
2. Intime Musik von Oscar Bie
3. Wagner-Brevier herausgegeben von Hans von Wolzogen
4. Geschichte der französischen Musik von Alfred Bruneau
5. Bayreuth von Hans von Wolzogen
6. Tanzmusik von Oscar Bie
7. Geschichte der Programm-Musik von Wilhelm Klatte
8. Franz Liszt von August Göllerich
9. Die russische Musik von Alfred Bruneau
10. Hector Berlioz von Max Graf
11. Paris als Musikstadt von Romain Rolland
12. Die Musik im Zeitalter der Renaissance von Max Graf

13.-14. J. B. Bach von Ph. Wolfrum

15. Schaffen und Bekennen von Ernst Decsey

16.-17. Das deutsche Lied von Herm. Bischoff

18. Die Musik in Böhmen von Richard Batka
19. Rob. Schumann von Ernst Wolff
20. Georges Bizet von A. Weissmann

Weitere Bände in Vorbereitung

Jeder Band, in künstlerischer Ausstattung mit Kunstbeilagen und Vollbildern in Tonätzung kart.	*M. 1.50*
ganz in Leder gebunden	*M. 3.—*

BARD, MARQUARDT & Co., BERLIN W. 50

DIE KUNST

SAMMLUNG ILLUSTRIERTER MONOGRAPHIEN

Herausgegeben von RICHARD MUTHER

Band *Bisher erschienen:*

1. Lucas Cranach von Richard Muther
2. Die Lutherstadt Wittenberg von Gurlitt
3. Burne-Jones von Malcolm Bell
4. Max Klinger von Franz Servaes
5. Aubrey Beardsley von Rudolf Klein
6. Venedig als Kunststätte von Albert Zacher
7. Manet und sein Kreis von Meier-Graefe
8. Die Renaissance der Antike von R. Muther
9. Leonardo da Vinci von Richard Muther
10. Auguste Rodin von Rainer Maria Rilke
11. Der mod. Impressionismus von Meier-Graefe
12. William Hogarth von Jarno Jessen
13. Der Japanische Farbenholzschnitt von Friedrich Perzyński
14. Praxiteles von Hermann Ubell
15. Die Maler von Montmartre [Willette, Steinlen, T. Lautrec, Léandre] von Erich Klossowski
16. Botticelli von Emil Schaeffer
17. Jean François Millet von Rich. Muther
18. Rom als Kunststätte von Albert Zacher
19. James Mc. N. Whistler von Hans W. Singer
20. Giorgione von Paul Landau
21. Giovanni Segantini von Max Martersteig

22. Die Wand und ihre künstlerische Behandlung von Oscar Bie
23. Velasquez von Richard Muther
24. Nürnberg von Hermann Uhde-Bernays
25. Constantin Meunier von Karl Scheffler
26. Über Baukunst von Cornelius Gurlitt
27. Hans Thoma von Otto Julius Birnbaum
28. Psychologie der Mode von W. Fred
29. Florenz und seine Kunst von G. Biermann
30. Francisco Goya von Richard Muther
31. Phidias von Hermann Ubell
32. Worpswede von Hans Bethge
33. Jean Honoré Fragonard von W. Fred
34. Handzeichnungen alter Meister von O. Bie
35. Andrea del Sarto von Emil Schaeffer
36. Moderne Zeichenkunst von Oscar Bie
37. Paris von Wilhelm Uhde
38. Pompeji von Eduard von Mayer
39. Moritz von Schwind von Otto Grautoff
40. Michelagniolo von Hans Mackowsky
41. Dante Gabriel Rossetti von Hans W. Singer
42. Albrecht Dürer von Franz Servaes
43. Der Tanz als Kunstwerk von Oscar Bie
44. Cellini von W. Fred
45. Präraffaelismus von Jarno Jessen
46. Donatello von W. Pastor
47. Félicien Rops von Franz Biel
48. Korin von Friedrich Perzyński

Weitere Bände in Vorbereitung

Jeder Band, in künstlerischer Ausstattung mit Kunstbeilagen, in Heliogravüre, Farbendruck etc., kartoniert	*M. 1.50*
ganz in Leder gebunden	*M. 3.—*